AF371127

ORDRES

A OBSERVER

POVR EMPESCHER

QVE LA PESTE

NE SE COMMVNIQVE

hors les lieux infectez.

*Ensemble quel ordre on doit tenir dans vne Ville
qui en est infectée.*

A PARIS,

Par FREDERIC LEONARD, Imprimeur ordin.
du Roy, ruë S. Iacques, à l'Ecu de Venise.

M. DC. LXVIII.

ORDRES A OBSERVER
pour empefcher que la Pefte
ne fe communique hors
les lieux infectez.

POVR amortir l'effect de la Pefte, & en em-pefcher le progrés, il eft neceffaire de pour-voir aux lieux empeftez, aux circonvoifins, & à ceux qui en font dans quelque efloigne-ment.

L'on doit fonger avant toutes chofes de renfermer le mal où il eft; pour y parvenir avec feureté, il faut eftablir aux extremitez des terroirs des lieux infectez un efpece de Blocus, en forte que perfonne ne puiffe paffer, ny par les chemins, ny à travers-champs fans en eftre ap-perceu.

Il faut obferver s'il fe peut, que ceux que l'on y employe-ra, ne foient pris des lieux les moins proches, pour éviter complaifance ou corruption,& commandez par gens de pro-bité & de capacité. Cela eftably,on fait faire un cry public dans le lieu infecté,par tout où il eft neceffaire, portant def-fences de paffer à travers-champs, forcer ou tromper les Corps-de-garde du blocus, fous peine de la vie : Et en effet, on doit ufer de toute feverité.

On fait fçavoir, que tous ceux qui voudront fortir du lieu infecté, le pourront,en prenant des Gardes au Blocus, qui les conduiront aux lieux deftinez pour faire quarantai-nes aux formes & precautions qui feront cy-apres eftablies.

Les lieux ainſi fermez par le Blocus, ſont ſecourus au moyen des conferances que l'on y eſtablit, ſuiuant ce qui ſera dit cy-deſſous.

La precaution qu'il y a à prendre, au ſujet des lieux circonuoiſins, n'eſt pas moins importante pour empeſcher le progrés de la Peſte, l'experience faiſant voir qu'elle ſe communique ordinairement par degrez, & qu'elle commence toûjours à s'eſtendre par les voiſins, qui apparemment ont eu vne plus grande frequentation que les plus éloignez ; Il eſt neceſſaire d'interdire le commerce & l'entrée, par tout ailleurs à tous les lieux limitrophes du terroir infecté, durant quarante jours, pendant leſquels ſi elle y a eſté portée elle ſe manifeſtera, & pour en eſtre plus certain, on ordonne, Que tous ceux qui tomberôt malades pendant ledit temps, ſeront viſitez avec les precautions requiſes, par les Medecins & Chirurgiens prepoſez à cet effet : Meſmes que ceux qui pourroient mourir ſubitement ou autrement, ſans avoir eſté auparavant viſitez, ne pourront eſtre enterrez que leurs corps ne le ſoient, les rapports de viſite remis à ceux à qui l'authorité ſur les lieux ſera commiſe, pour eſtre par eux ordonné : On fait deffences de receller en ces lieux aucuns malades, ou morts, ſous peine de la vie ; Et on rend reſponſable les Maires & Eſchevins, & autres Magiſtrats de police des lieux.

Cela n'empeſchera pas que l'on n'eſtabliſſe le Blocus au delà deſdits lieux circonvoiſins, & à l'extremité du terroir infecté ; parce que cette interdiction n'eſt qu'une precaution ſans aucun mal apparent ; ſauf, s'il venoit à ſe manifeſter en aucuns de ces lieux, de reculer ledit Blocus, en ſorte qu'il enfermaſt l'endroit où il auroit paru ; cette maxime devant toûjours eſtre pratiquée, qu'il faut renfermer le mal où il eſt.

Les lieux ainſi interdits de commerce, n'en pourront pas meſmes avoir parmy eux, de peur que ceux qui dans la ſuite pourroient eſtre attaquez de ce mal, ne vinſſent à infecter les ſains.

Et dautant que nonobſtant la plus ſeure garde, il n'eſt pas impoſſible que quelqu'un peuſt eſchapper au delà du Blocus;

meſmes

mesmes sortir des lieux interdits pour le soupçon, que toutes les precautions deviendroient inutiles , si telles personnes avoient la liberté de passer par tout : Pour l'empescher, il est necessaire d'establir des Billettes aux formes cy dessous prescrites, dans tous les lieux à vingt lieuës aux enuirons de celuy qui est pesté : Il seroit mesmes bon que ce fust iusques au plus prés de Paris, afin que l'on puisse sçavoir, d'où sont, & d'où viennent ceux qui viendront de vers la route des lieux infectez, & qu'ils n'y puissent aborder, ny par tout ailleurs.

L'on fait deffenses sous peine de la vie, à ceux des lieux infectez, d'en faire sortir ny transporter ailleurs aucuns meubles ny hardes, iusques à ce qu'autrement en soit ordonné, deffenses à tous autres lieux de les recevoir , & si aucuns en ont esté receus de les brusler presentement, ou les murer aux endroits où ils se trouveront, sans les toucher ny manier, iusques à ce que l'on aye pourveu aux parfuns & purifications.

Forme & ordre des Quarantaines.

COmme il est libre à chacun de fuïr le mal , & la mort, il est iuste de rendre facile, à tous ceux qui le voudront, les moyens de sortir des lieux pestez, avec la seurté du public, sans qu'ils puissent porter le mal en aucun endroit : Pour cet effect , nul de ces gens-là ne doit estre receu, qu'il n'aye passé, hors de toute communication & frequentation, quarante jours en un endroit à la campagne , soit maison ou hutte construite expressément, qui luy sera assignée par les Magistrats du lieu où il ira faire la quarantaine, gardé de trois Gardes, l'un desquels, s'il se peut , & qu'on en trouve, qui soit dans la mesme maison ou hutte , afin de voir tout ce que feront ceux qui y seront dedans, s'ils ont des indispositions, si par hazard ils prennent quelque remede, ou se pensent de quelques playes; ce qu'il sera obligé de declarer, sous peine de la vie; sera tel gardé, renfermé, & privé de toute autre frequentation , tout de mesme que ceux qu'il gardera, les deux autres seront huttez à vingt pas ou environ de l'endroit où seront enfermez telles personnes, sans les approcher de plus prés, ou

les toucher, ny souffrir qu'aucun y frequente, sous peine de la
vie : Pourra l'un d'iceux aller querir tout ce qui sera necessaire à telles gens enfermez, en remettant à terre ce qu'il aura porté, à huict ou dix pas de la porte de la maison, auquel endroit ceux de dedans viendront prendre ce qu'il aura
remis.

Pourront neantmoins telles personnes s'esgayer, & promener à vingt ou trente pas de la maison où ils seront enfermez,
en avertissant au prealable leurs Gardes : Pourront aussi estre
en quarantaine en mesme endroit les familles entieres, &
plusieurs personnes, pourveu qu'elles le demandent ainsi, &
qu'elles y entrent en mesme iour, laissant à la prudence des
Magistrats, de redoubler & renforcer les Gardes, si le nombre des personnes enfermées, ou la scituation des maisons le
demandent.

Comme telles quarantaines ne peuuent estre faites aux endroits infectez, & que ce doit estre aux lieux où la santé soit
parfaite, il est iuste d'en limiter l'estenduë à cinq lieuës à la
ronde, pour n'exposer indifferemment tous les lieux au hazard de telles quarantaines.

Ceux qui la demanderont declareront à ceux qui comman-
deront au Blocus, quel lieu ils veulent choisir, où il leur sera
par eux assigné, l'advis en sera donné à l'avance aux Magistrats des lieux choisis, afin qu'ils facent preparer des licts,
des maisons à la campagne, ou huttes suffisantes à recevoir
ceux qu'on y voudra mettre. Cela fait, ils y seront conduits
par tel nombre de Gardes qu'il sera ordonné par le Com-
mandant au Blocus, lesquels iront partie devant partie der-
riere eux, à la distance de vingt ou trente pas, sans pouvoir
s'approcher davantage, sur peine de la vie : Ils passeront dehors & à l'escart de toutes les Villes, & Villages de leur route ; & lors qu'ils seront arrivez aux lieux destinez à la quarantaine, ils les remettront aux Gardes qui auront esté commis
par les Magistrats desdits lieux, pour les recevoir à l'avance
du depart, & à peu prés de l'heure de l'arriuée.

Ne pourront telles personnes porter autres hardes que cel-
les qu'ils auront de dessus, avec quelques chemises pour chan-

ger, lefquelles ils tiendront à l'air pendant leur quarantaine.

Leur fera enjoint fur peine de la vie, de declarer toutes les
incommoditez qui pourront leur furvenir pendant leur quarantaine, auquel cas ils feront vifitez fur l'heure par les Medecins & Chirurgiens à ce prepofez, hors les baftimens dans
la diftance requife : Si quelqu'un fe trouvoit atteint, on en
fepareroit les autres, & l'on les mertroit en d'autres endroits
du mefme terroir avec les precautions fufdites : Si tel malade pouvoit eftre tranfporté commodement & fans danger,
pour les lieux du paffage, dans les Infirmeries du lieu pefté, il
y feroit conduit par les perfonnes qui y font deftinées à cet
ufage, que l'on feroit paffer par le Blocus avec les precautions
cy-deffus ordonnées : Et l'endroit où tel malade auroit efté,
ou feroit mort, feroit marqué d'une Croix blanche, & fermé
jufques à ce qu'il fuft parfumé.

Les quarante jours achevez, les Medecins & Chirurgiens
feront la vifite des perfonnes mifes en quarantaine ; comme
auffi les hardes feront parfumées, apres quoy ils auront libre entrée par tout.

Il eft à remarquer, que pendant les quarante jours l'on
doit eftre exempt de foupçon & de pefte : Que fi aucun acci-
dent arrivoit, il faut recommencer la quarantaine, laquelle
ceux qui font atteints font double, depuis le jour de leur gue-
rifon.

Tous les frais des quarantaines font fupportez par ceux
qui les font, & qui les demandent.

Ordre pour les Conferences.

ON choifit des lieux à deux des extremitez du terroir
infecté, les plus commodes, pour recevoir du fecours
de leurs voifins, que l'on appelle communément Conference ; à chacune il y doit avoir un Intendant pour furveiller à
toutes chofes, & des Gardes deftachez du Blocus.

On y conftruit deux barrieres, l'une du cofté du terroir infecté, & l'autre en dehors, éloignées de huict ou dix pas l'v-

ne de l'autre, pour empefcher toute communication ; on y fait des canaux de bois, pour verfer par deffus les barrieres, le vin & le bled, & des portes pour y faire paffer les beftiaux neceffaires pour la vie, ou pour tout autre ufage, laquelle Conference on regle & deffigne à deux ou trois jours de la femaine, afin que tout le monde puiffe le fçavoir.

On enjoint à tous les lieux circonvoifins, & mefmes aux éloignez bien fouvent, d'y porter tout ce qui eft neceffaire à la vie,& dont les lieux enfermez peuvent avoir befoin.

Les mefmes Conferences peuvent eftre eftablies, & dans les mefmes formes,le long de la mer, ou des rivieres, & lieux qui y aboutiffent.

Ordre pour l'eftabliffement des Billettes.

TOus ceux qui auront à aller d'un lieu à l'autre, dans l'enceinte & toute l'eftenduë où l'on ordonne les Billettes, doivent, partant du lieu de leur demeure, rapporter vn Certificat figné par le Magiftrat, ou perfonne à ce par luy prepofée, & marqué des Armes, ou marques dudit lieu, du jour, & de l'heure de fon départ; du lieu où il va, de fa qualité,& s'il eft Habitant; & en cas qu'il ne le foit,combien il a demeuré en ce lieu : On fait mettre le *Vifa* par tout où l'on paffe; on y fpecifie l'heure, fi on n'a fait que paffer; fi on y a difné,ou couché, & combien on y a fejourné;on en apporte autant au retour,& de la forte on ne peut eftre furpris: Quand quelqu'un aborde un lieu,l'on voit d'où il eft, & d'où il eft party; comme auffi à fon retour,on fçait les endroits où il a efté. On ne laiffe aux Villes & lieux compris en cet ordre, qu'une porte ouverte, à laquelle on met les plus honneftes Bourgeois à tour de roolle,pour garder,y recevoir,& examiner lefdites Billettes, efquelles s'il fe trouve quelque defaut; Par exemple,S'il y manque le *Vifa* des lieux où il a paffé,d'une difnée,ou d'une couchée ; ou fi les chofes n'y font bien exprimées, on renvoye telles perfonnes avec des gardes à leurs defpens, aux lieux d'où ils font partis, fans pouvoir eftre receus en aucun endroit : S'il fe trouve quelqu'un qui paye aucune

cune Billette, foit dans les chemins, ou aux portes, foit à tra-vers-champs, on l'arrefte, les Magiftrats des lieux où ils font trouvez le mettent en quarantaine, au fortir de laquelle on les chaftie tres-feverement.

On ferme de barricades les Villages ouverts, en façon que l'on n'y puiffe entrer que par un endroit qui eft gardé de la mefme façon cy-deffus.

Les Magiftrats des lieux ne peuvent faire tels Certificats, fi la fanté n'y eft parfaite, l'affeurant telle dans iceux, & s'ils en avoient fait autrement, ils feroient chaftiez de la derniere rigueur ; ce qui fait qu'au moindre foupçon ils advertiffent ceux qui ont la Surintendance generale de la fanté, & s'abftiennent de faire des Billettes, jufques à ce qu'il leur foit autrement ordonné.

Es lieux peuplez & aufquels on ne peut connoiftre tous les Habitans, ceux qui fortent de la Ville pour fe promener, ou qui ont affaires dans le terroir, mefmes pour le travail à la terre, prennent une Billette où la datte du jour & le nom de l'Intendant de garde à la porte y font efcrits, qu'ils rendent en entrant ; hors cela on les refufe, pour empefcher que quelqu'un du dehors n'entre fous pretexte d'Habitant : La Billette ne fert que pour ce jour ; en forte, que fi on ne vient recoucher à la Ville on eft refufé, & ce pour empécher les Habitans eux-mefmes d'aller en part fufpecte ou inconnuë, & lors qu'ils veulent coucher au terroir, il faut que ce foit par la permiffion du Magiftrat.

Il feroit bon de faire publier, que l'on euft à murer les meubles fortis des lieux infectez où ils fe trouveront, jufques à ce que l'on les puiffe parfumer, & mettre en quarantaine tous ceux qui font fortis depuis peu des lieux infectez.

Ce font les Reglemens que l'on a creu eftre preffants, pour empefcher le progrés du mal ; on prepare ceux qui font neceffaires pour les lieux infectez, & l'ordre qui y doit eftre tenu.

Ordre à observer en une Ville infectée de la Peste.

AVant toutes chofes, il eft neceffaire d'eftablir un Bureau pour la Santé & la Police de la Ville, qui s'affemble tous les iours le matin, & l'apres-difné, & plus fouvent, s'il eft neceffaire, compofé du chef de la Iuftice, ou de celuy qui en aura le pouvoir, des Maires ou Efchevins, & d'vn Intendant en chaque quartier, que l'on choifira parmy les plus honneftes gens qui voudront s'arrefter; lequel Bureau aura toute la direction & la conduite de la Santé & de la Police : Si par hazard la Ville infectée n'eftoit pas divifée en quartiers, il eft neceffaire de le faire ; ou fi les quartiers eftoient trop peuplez, ou trop grands, on pourroit fubdivifer chaque quartier en autant que l'on jugeroit à propos, & en chacun y eftablir vn Intendant.

Chaque Intendant a la veuë & direction de fon quartier, choifit dans chaque ruë un Syndic qui furveille à icelle, fans en pouvoir fortir fur peine de la vie; y execute fes ordres, & luy rend compte de toutes chofes : De mefmes les Intendans rendent comptes aux Maires, & Efchevins, & iceux au Bureau, dans lequel toutes les refolutions font prifes.

Il eft de toute neceffité de lever vn corps confiderable de milice, commandé par de bons Officiers & gens de bien, dépendant du Maire & Efchevins, & fous l'authorité du Bureau, & ce à proportion du peuple qu'ils ont à contenir : On pofe des Corps-de-garde aux portes, à l'Hoftel de Ville, & en tous les quartiers, pour rendre l'obeïffance du peuple plus prompte, & l'authorité des Magiftrats plus abfoluë; comme auffi pour furveiller à tous les defordres, volleries, & pilleries qui fe commettent ordinairement en ces fortes de temps,

dont les Officiers defdits Corps-de-garde demeurent refpon-
fables, chacun dans fon deftroit.

On prepare affez proche hors la Ville, trois lieux differens,
entre lefquels il ne faut qu'une diftance fuffifante, une trop
grande eftant mefme nuifible; fpacieux, & clos de murailles,
s'il fe peut, dont l'un fervira d'Infirmerie, où il n'y aura que
les atteints de pefte; l'autre fera pour les Convalefcens que
l'on tirera defdites Infirmeries; & le troifiéme, pour ceux
que l'on appelle Sufpects; c'eft à dire, ceux qui ont touché,
frequenté, ou habité avec perfonnes qui ont efté atteintes, &
de l'eftat defquels on a fujet de douter: ainfi ceux qui pouf-
fent la Pefte, c'eft au dehors la Ville, l'une des principales
conduites, confiftant à porter toûjours ce mal au dehors.

Il fera cy-deffous parlé de ces trois lieux, & des ordres qui
doivent y eftre obfervez.

On doit preparer pour les Infirmeries, des Medecins, Chirurgiens, Confeffeurs, Parfumeurs, & des perfonnes de
peu, que l'on appelle Corbeaux, qui y portent les malades, y
enterrent les morts, nettoyent & font toutes fortes d'Offi-
ces vils & abjets, comme auffi beaucoup de medicaments, &
de parfums.

Il faut pourvoir avec foin & diligence la Ville, de toutes
les chofes neceffaires à la vie, comme des bleds, farines, vin,
beftiaux, pour de la viande, bois, & enfin de toutes chofes en
abondance; comme auffi de Medecins, Chirurgiens, &
Confeffeurs, que l'on appelle de Santé; c'eft à dire, pour les
maladies ordinaires autres que la Pefte.

Cela ainfi preparé & ordonné, on met à execution les deux
remedes les plus falutaires pour eftouffer la Pefte, & l'empefcher de faire progrés, qui font la Serrade & le Parfum, eftant
certain que la feparation y couppe tout chemin & fuite: Que
le Parfum purifie l'air des maifons, les meubles, linges, habits,
& marchandifes, & qu'ainfi c'eft chaffer ce mal de tous les
endroits qui font capables de le retenir & le conferver.

Ordre pour la Serrade.

ON affiche & on publie à son de trompe, le jour deftiné pour la Serrade, & au terroir en la maniere que l'on le peut, quinze jours avant que l'executer : Que fi quelqu'un eft dans la volonté de fortir de la Ville, ou du terroir, il aye à le faire, ce jour paffé que l'on ne le pourra ; ce qui en effet doit eftre exactement obfervé : Commandement de tuër toutes fortes de chiens & de chats, & mefmes ceux que l'on garde dans les maifons, fans exception.

Que chacun aye à fe pourvoir chez foy de ce qui luy peut eftre neceffaire, foit pour la vie, foit pour autres chofes, fur tout du linge blanchy, pour tout le temps de quarante jours.

Que ceux qui n'auront pas dequoy acheter femblables provifions, que le corps de Ville leur fournira les vivres, & autres neceffitez ; fauf d'en pourfuivre le rembourfement fix mois apres la Pefte finie, contre ceux qui auront du bien.

Dans les huict premiers jours apres cette publication, les Intendans des quartiers feront faire par les Syndics des ruës, un roolle de toutes les perfonnes qui feront en icelles, qu'ils remettront aux Magiftrats, pour eftre pourveu par eux aux provifions neceffaires pour leur fubfiftance, pendant lefdits quarante jours, ne devant eftre permis à aucun de rien pren-dre au dehors pendant ledit temps, que des perfonnes à ce prepofées par le Bureau, pour efviter les inconveniens d'une communication contraire à la Serrade.

Les Magiftrats politiques du lieu feront faire des fours en tous les quartiers en fuffifance, pour cuire le pain pendant les quarante jours, qui fera porté tout chaud aux maifons de ceux qui en demanderont, & verfé par des canaux de bois faits exprés, de la ruë en la maifon, fans communication quel-conque, & fans fouffrir qu'aucune perfonne puiffe paiftrir du pain chez foy & l'envoyer au four.

Il y aura pareillement en chaque quartier des magafins
de vin,

de vin, qui fera verfé comme cy-deffus, & en la mefme forme par des canaux de bois. On eftablira une Boucherie, une Poiffonnerie, un Marché d'herbes, & un Magafin de bois en chaque quartier, & en lieux differents; en forte, que les uns ne frequentent pas avec les autres, d'où l'on portera à chacun fes neceffitez pour éviter les abus: Avant la Serrade on taxera, & on publiera à fon de trompe, mefmes par affiche, la valeur de chaque denrée.

Les chofes ainfi eftablies, le iour defigné pour la Serrade venu, on ordonnera à chacun de fe renfermer dans fa maifon, & deffenfes d'en fortir fur peine de la vie.

Chacun renfermé, les Syndics des ruës iront prendre les clefs des portes des maifons de leurs ruës, & apres les avoir bien fermées, ils les porteront à l'Intendant du quartier qui les gardera.

On diftribuë des Corps-de-garde en tous les quartiers, d'où l'on deftache des Sentinelles au bout, & en veüe des ruës, pour obferver fi on contrevient à la Serrade, auquel cas on faifit, & les Iuges eftablis puniffent avec rigueur.

Dés le mefme jour chaque Syndic fait un roolle des Habitans de chaque maifon de la ruë, contenant le nombre, l'aage, & le fexe, fans exception de condition; il en remet une coppie à l'Intendant de fon quartier, & iceluy une autre au Bureau.

Tous les jours chaque Syndic fera obligé de paffer au devant des maifons l'une apres l'autre, d'en faire fortir tous les Habitans aux feneftres, fans exception d'aage, ny de qualité, en les nommant chacun par leur nom, fuivant le roolle qu'il en aura pris: Il s'informera de l'eftat de leur fanté, en quoy les Habitans feront obligez de dire la verité, fur peine de la vie; & fi aucuns manquent de s'y prefenter, il en fçaura le fujet, & découvrira par là facilement fi on recelle des morts, ou des malades: Il s'informera pareillement de leurs neceffitez & befoins, & en prendra memoire, afin de leur faire porter ce qu'ils demanderont, par perfonnes à ce prepofées par luy, & dont il refpondra; fçavoir, le pain & le vin, aux precautions cy-deffus; comme auffi le bois par les portes, en le

refermant auſſi-toſt, & rapportant les clefs à l'Intendant ; ce
qu'il obſervera toutes les fois qu'il les faudra ouvrir : La
viande & le poiſſon, apres les avoir lavez dans de l'eau fraiſ-
che à la porte des maiſons, d'où il ſera deſcendu par les Habitans vn croc de fer, attaché à une corde dont ils tiendront
le bout en haut, auquel le Syndic fera attacher la viande & le
poiſſon, apres toutesfois qu'il aura receu & fait tremper avec
un baſton ledit crochet dans le vinaigre, obſervant bien de
ne toucher pas de la main à la corde ; Et les herbes dans un
panier qui ſera pris avec un baſton par ceux qui les porteront, & parfumées par eux avant que les y mettre, & l'attacher au crochet.

S'il y a des differentes familles dans une maiſon, & qu'il
y en euſt qui n'euſſent veuë ſur la ruë, il leur ſera deſigné par
le Syndic avant la Serrade, une feneſtre aux appartements
des autres la plus deſgagée qu'il ſe pourra trouver, à laquelle
il leur ſera loiſible de venir à l'heure qu'il leur ſera indiquée
par iceluy, ſans qu'aucun autre du logis puiſſe s'y rencontrer
en meſme temps.

Avant la Serrade, il ſera dreſſé un eſtat par les Syndics
des ruës, de tous les chevaux & beſtiaux qui ſeront dans la
Ville, & diſtribué les heures pour aller à l'abrevoir, en ſorte
que l'on ne s'y rencontre point, & que ce ſoit toûjours une
meſme perſonne de chaque maiſon qui les y meine.

Lors que quelqu'un ſera malade de quelque maladie que
ce ſoit dans les maiſons, les Habitans d'icelles ſeront tenus le
declarer au Syndic, ſous peine de la vie, lequel fera d'abord
advertir l'Intendant du quartier, & iceluy le Medecin &
Chirurgien de Santé, pour proceder à la viſite du malade,
que l'on fera deſcendre ou porter à la ruë, ou dans la cour de
la maiſon : Si c'eſt une maladie ordinaire, on le reportera en
ſon lict, & il ſera permis au Medecin & Chirurgien, tel que le
malade voudra, de le voir en la maiſon, & le traiter ; Si c'eſt
Peſte, il ſera à l'abord envoyé à l'Infirmerie, conduit ou porté par les Corbeaux que l'on y mandera, en les faiſant paſſer
entre deux Gardes, à la diſtance de vingt pas chacun, ſans
qu'iceux puiſſent laiſſer cheoir à terre ny manier choſe quel-

conque depuis eftre fortis de l'Infirmerie, hors les malades de Pefte,& leurs licts qu'il faudra porter aux Infirmeries pour leur fervir,fous peine de la vie;apres quoy on menera tous les autres Habitans de la maifon , au lieu deftiné pour les Sufpects ; & lors que tout le monde en fera forty , on fera parfumer la maifon fans plus de delay, à la forme marquée cydeffous.

Si le lieu infecté eft au rivage de la mer , ou le long des rivieres, & que dans iceluy il y aye des familles qui vivent de la pefche ; ceux qui voudront y aller & faire ce commerce, le declareront aux Magiftrats avant la ferrade , pour leur eftre eftably des bornes, par delà lefquelles ils ne pourront s'approcher plus proche de la ville ; comme auffi des marques de plomb qu'ils prendront tous les jours de la main des perfonnes à ce eftablies,qu'ils feront obligez pareillement de rapporter tous les foirs, pour qu'ils ne puiffent aller plus loin que leurs bornes, & qu'au moyen de ce, qu'ils feront obligez d'aller recevoir & rendre leurs billets, ils ne puiffent fortir du lieu pefté aucunes perfonnes, ny y en ramener d'autres; dautant que quand une fois on aura remarqué le nombre des perfonnes, qu'il y aura en chacun de ces baftimens , il leur fera impoffible de commettre aucuns abus.

Il leur fera deffendu,fur peine de la vie,d'aborder à aucuns autres lieux, ou de mettre pied à terre.

Il fera mis au plus proche de la Ville,fur telle mer ou riuiere des baftimens bien armez, pour fervir de garde, faire la vifite des baftimens defdits pefcheurs , & furveiller à ce que les ordres foient par eux ponctuellement obfervez.

Et comme ces pefcheurs une fois fortis, ne pourront plus rentrer à la Ville, ny en leurs maifons,pendant la quarantaine, ils demeureront durant ce temps dans leurs batteaux, ou baftimens de mer, fi la chofe eft poffible ; finon, il leur fera affigné des logemens, ou conftruit des huttes fuffifantes le long de la mer ou des rivieres.

Et d'autant qu'il faut leur donner le moyen de rendre leur poiffon , & recevoir des provifions pour vivre fur la mer ou sur la riviere , il leur sera assigné un lieu au dehors sur le rivage , ou à l'entrée du port , s'il y en a , où il y aura des personnes commises à recevoir leur poisson, & à leur porter des vivres pour leur compte , ou pour celuy de la Ville, ainsi qu'il sera reglé par les Magistrats avant la serrade.

Pendant ladite serrade, les Medecins , ou Chirurgiens, ne pourront traitter aucun malade, ny les Apoticaires fournir des medicamens , non pas mesmes les Confesseurs confesser, que la visite n'en aye esté faite par le Medecin & Chirurgien preposez par les Magistrats pour cét effet, & qu'ils n'en ayent un billet de luy; pour éviter que les Medecins, Chirurgiens, Apoticaires, & Confesseurs, qui voyent les autres personnes, puissent les infecter aprés avoir veu un pesté : Comme aussi pour empescher que l'on ne recelle & traite à l'insceu des Magistrats, des maladies de la contagion dedans la Ville.

Pour éviter tous inconveniens , les quarante jours de la serrade finis , on ne l'ouvrira point que les Medecins & Chirurgiens de santé n'ayent fait la visite; d'autant que la peste bien-souvent paroist au quarantiéme jour.

Les Intendants visiteront tous les jours leurs quartiers, pour sçavoir si les Scindics s'en acquittent bien ; recevoir les plaintes des habitans, & surveilleront à leurs actions.

Le mesme ordre de serrade, & aux mesmes formes, sera observé dans le terroir aux endroits habitez.

Tous les Magistrats Politiques & Intendans des quartiers, & ceux qui composent le Bureau, seront logez à l'Hostel de Ville, & aux dépens d'icelle; ils y auront un Medecin & Chirurgien, & ce pour estre toûjours ensemble, & en estat de pourvoir promptement aux choses.

Ordres pour appliquer le parfun.

L A serrade establie, cinq ou six jours apres il est necessaire, si l'on veut se mettre en toute seureté contre la suite de ce mal, de parfumer generallement toutes les maisons sans exception ny distinction quelconque , commençant

çant par les plus suspectes, continuant par les autres, & finissant par les absens, qu'on fait advertir d'envoyer les clefs de leurs maisons, s'ils n'y ont laissé personne; au defaut dequoy on fait tout ouvrir & refermer en suitte avec formalité.

On destine une maison, ou des huttes au dehors de la Ville, & fort proche pour les Parfumeurs, où ils demeurent, sans pouvoir s'en écarter que quand on les mande venir soûs peine de la vie.

Quand on veut parfumer une maison, on ordonne aux habitans d'icelle de la bien ballayer & nettoyer, & toutes les toilles d'arraignées, d'en ramasser en un endroit les ordures, & les brusler : si c'est en une maison pestée, on brûle la paille des paillasses, plume, bourres des matelats, & tout ce qui ne merite pas d'estre conservé, ou on le sort & on l'estend à terre.

Pour appliquer bien le parfum, il faut tendre des cordes, ou perches, en chaque appartement, pour y mettre dessus & en l'air, tous les meubles & marchandises, couvrant le dessus du precieux d'un linge un peu grossier, parce que le parfum ne gaste qu'en retombant : on bouche bien les fenestres, toutes les fentes & ouvertures, & les cheminées; aprés quoy on fait sortir à la ruë tous les habitans de la maison, gardez, de peur que quelqu'un ne s'écarte : aprés avoir fait foüiller en leur presence les Parfumeurs, pour remarquer ce qu'ils ont dessus eux, on les introduit dans la maison : Ils en commencent la visite par la Cave, examinant tous les tonneaux & endroits d'icelle, pour découvrir si on y auroit caché quelque chose : ils font par tous les endroits du logis la mesme perquisition; aprés quoy ils vont au membre le plus haut, appliquant & allumant à terre au milieu du plancher leur parfum; referment promptement la porte, & bouchent le trou de la serrure avec de la cire, & continuent ainsi par tous les endroits de la maison, commençant toûjours par le haut & descendant en bas. Ayans achevé d'appliquer en tous les endroits le parfum, ils ressortent ayans fermé la porte du logis, ils en jettent les clefs, ensemble cel-

E

les qu'ils pourroient avoir des chambres de la maison, dans le vinaigre, d'où aprés l'avoir versé, on les peut retirer sans scrupule : & on les fouille tout de nouveau, en presence des habitans de la maison, pour voir s'ils ont quelque chose en sortant qu'ils n'eussent pas eu en entrant. On demeure quatre heures sans entrer dans la maison, aprés quoy on va tout ouvrir, commençant par le bas, on y fait entrer les habitans, qui replient toutes les hardes & marchandises sans scrupule.

Le parfun ne gaste aucunes couleurs, ny marchandises, fors les dentelles d'or, & d'argent, les miroirs, & les tableaux, que l'on peut mettre en quelque endroit fort exposé à l'air & au serain durant deux quarantaines.

Si aprés cette purification il arrive quelque accés de peste dans une maison, ce qui peut se rencontrer dans les quarante jours de la serrade, on reparfume tout de nouveau la maison en laquelle cét accés seroit arrivé.

Si on peut trouver des bons Religieux pour accompagner les Parfumeurs dans les maisons, & les voir agir, le parfun s'y applique bien plus fidellement.

Il est à notter, qu'il y a de deux sortes de parfuns, celuy pour les maisons & hardes, & celuy pour les personnes, ausquelles il faudroit bien se garder de se servir des premiers, car il les tuëroit. Le Pere Maurice Capucin a bien écrit de ces parfuns : les Peres Capucins ont sans doute ce Livre.

Ordre pour l'Infirmerie.

L'Infirmerie est l'endroit où l'on porte les malades de peste ; il ne doit pas estre fort éloigné de la Ville, de peur que les malades ne meurent en chemin faute de secours, elle doit estre en lieu fort posé à l'air & au vent, proche de quelque riviere ou ruisseau, s'il se peut, à tout le moins une fontaine, parce qu'il y a beaucoup de linge & de vilanies à nettoyer ; le lieu doit estre clos de murailles ; s'il n'y a pas assez de logement, on y en peut faire avec des huttes, les mieux fermées que l'on pourra : Il doit y avoir des

Chirurgiens à suffisance, des Confesseurs, & des Prestres pour y dire la Messe tous les jours, & un sur tout qui aye la superiorité & la direction de l'Infirmerie; s'il se peut, que ce soit un Religieux, il en est mieux. Il y faut nombre de femmes & d'hommes à servir les malades, & à divers autres usages: Tout y doit aborder, soit en vivres, soit en medicamens, & autres necessitez.

On y establit trois corps-de-garde; l'un en dedans, qui est exposé, & pour empescher les malades, qui sont en frenesie ou autrement, de forcer les portes, ou les murailles, & d'où ils ne peuvent eux-mesme sortir. Le second est en dehors, pour faire que celuy du dedans ne puisse laisser sortir aucunes personnes, & abuser; celuy-cy ne peut point frequenter avec l'autre. On en détache un troisiéme, que l'on change de vingt-quatre en vingt-quatre heures, éloigné & seulement en veuë de celuy de dehors, qui observe si celuy-là fait son devoir, qui pareillement ne peut frequenter les autres.

On y chastie toutes les fautes avec la derniere severité, & toutes les precautions doivent estre prises à l'égard de ce lieu, parce que c'est de là que peut venir le plus grand mal.

Ordre pour le lieu des Convalescens.

ON choisit un lieu pareillement exposé à l'air & au vent, fermé de murailles, & gardé mesme comme l'Infirmerie, s'il se peut, dans lequel on met les Convalescens que l'on en sort. En defaut de bastiment, on y fait pareillement des huttes, ils y demeurent jusques à ce que leurs playes soient consolidées; aprés quoy on les purifie dans un bain composé d'herbes odoriferentes, du vin, de l'eau, & du vinaigre: on les raze, & on les laue par tout le corps avec beaucoup de soin d'exactitude: on les parfume au sortir de là: on fait boüillir leurs habits, hardes, & linges, dans le chaufou de purification, si on ne les veut brûler; & on les met en un autre lieu, tel qu'il est dessigné par les Magistrats, durant quarante jours, apres lesquels on leur donne entrée,

& on les reçoit par tout fans difficulté.

Ordre pour le lieu des Suspects.

LE lieu doit eſtre dans la meſme ſituation de l'air, clos, & gardé comme les autres. Les perſonnes y doivent eſtre ſeparées de logement, & nullement converſer enſemble, de peur que ceux qui y tombent malades n'infectent les autres. Dés auſſi-toſt que quelqu'un eſt atteint de peſte, on le porte à l'inſtant aux Infirmeries.

Purification pour les Hardes.

IL faut quatre ou cinq fort grands chaudrons pleins d'eau, celle de la mer, aux lieux qui en ſont proches, eſt excellente; y jetter les hardes dans l'eau boüillante, les y tenir durant un quart-d'heure, aprés quoy on les retire avec üne perche, on les jette dans une cuve pleine d'eau-fraîche, on les met ſecher en ſuitte, & eſtans ſechez on les peut prendre ſans ſcrupule.